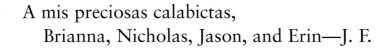

A mis preciosas calabictas,
    Brianna, Nicholas, Jason, and Erin—J. F.

Para mis sobrinos,
    Philip y Derek Limbacher—P. L. T.

Published by Charlesbridge
85 Main Street
Watertown, MA 02472
(617) 926-0329
www.charlesbridge.com

Library of Congress Cataloging-in-Publication Data
Farmer, Jacqueline.
  [Pumpkins Spanish]
  Calabazas / Jacqueline Farmer ; illustrado por Phyllis Limbacher Tildes ;
traducido por Eida del Risco.
      p. cm.
  Summary: "Presents a history of pumpkins and explains how they are
grown. Also includes their nutritional value, facts, and pumpkin
recipes."—Provided by publisher.
  ISBN-13: 978-1-57091-702-8 (reinforced for library use)
  ISBN-10: 1-57091-702-7 (reinforced for library use)
  ISBN-13: 978-1-57091-696-0 (softcover)
  ISBN-10: 1-57091-696-9 (softcover)
1. Pumpkin—Juvenile literature. I. Tildes, Phyllis Limbacher, ill.
II. Title.
SB347.F3718 2006
635'.62—dc22   2005024300

Printed in Korea
(hc) 10 9 8 7 6 5 4 3 2 1
(sc) 10 9 8 7 6 5 4 3 2 1

Illustrations done in watercolor and pencil on illustration board
Type set in Lemonade, Garamouche, and Sabon
Color separated, printed, and bound by Sung In Printing, Korea
Production supervision by Brian G. Walker
Designed by Susan Mallory Sherman

¡Ha llegado el otoño! Hay calabazas por todas partes. Como lámparas de Halloween o en el delicioso pastel del Día de Acción de Gracias, la calabaza es la estrella de la temporada. Cuando la calabaza sonríe, nosotros también sonreímos.

La calabaza es una fruta, no una verdura. Como todas las frutas, tiene semillas adentro, de las que pueden germinar nuevas plantas de calabaza. Las calabazas, los pepinos, los melones y los calabacines pertenecen al grupo Cucurbita. Como la calabaza crece a partir de un solo pistilo –una pequeña parte de la flor–, no es sólo una fruta, también es una baya.

Aquí podrás ver varios tipos de calabazas.

Las calabazas pueden ser rojas, blancas e incluso azules.

La variedad *Connecticut Field* sólo se cultiva para hacer lámparas, no para comer.

Con la dulce *Small Sugar* se prepara un pastel de primera.

Una *Jack-Be-Little* te cabe en las manos.

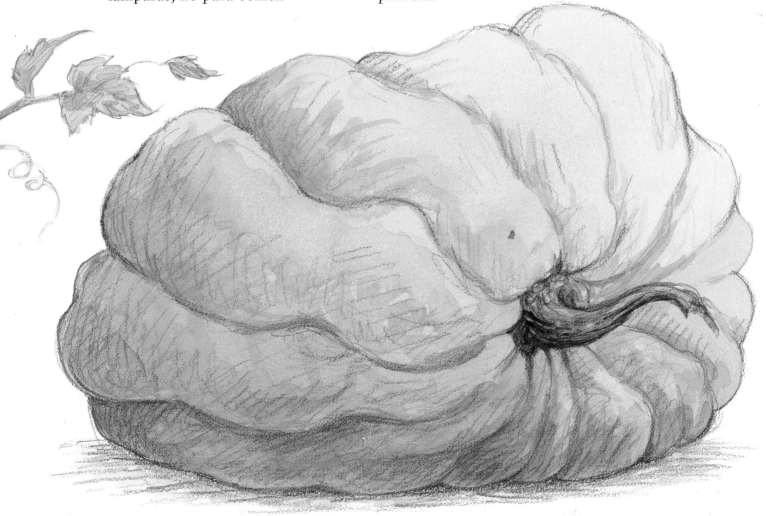

Una *Atlantic Giant* puede llegar a pesar más que toda tu familia.

Los pueblos de América Latina comen calabaza desde
hace muchísimo tiempo. En México, se han encontrado
en cuevas semillas de calabaza de más de 11.000 años.
En Perú y México hay hermosas vasijas hechas en forma
de calabaza.

Durante cientos de años, los nativos americanos
cultivaban calabazas como alimento y medicina. A la
familia de las calabazas, a los frijoles y al maíz los llamaban
"Las Tres Hermanas". Los indios iroqueses creían que estas
importantes cosechas eran regalos de Dios.

En 1620, los peregrinos del Mayflower llegaron a lo que es hoy Massachusetts. Durante el primer invierno, casi la mitad murió de hambre. En la primavera de 1621, el jefe patuxet Squanto enseñó a los sobrevivientes a plantar calabazas. Este fruto era especial porque permanecía fresco durante todo el invierno si se guardaba en un sótano bien profundo.

Los peregrinos esparcieron semillas de calabaza entre el maíz y abonaron la tierra con pescado. Squanto les enseñó que cultivar maíz y calabaza juntos era bueno para ambas cosechas. Las grandes hojas de la planta de calabaza impedían la invasión de las malas hierbas y ayudaban a mantener el suelo húmedo.

¡Durante muchos años los norteamericanos comieron calabaza a montones! Entonces, a finales del siglo XIX, se inventó la refrigeración. La gente ya no necesitaba sótanos para almacenar los alimentos porque el refrigerador los mantenía frescos. Entonces la gente ya no comía tanta calabaza.

Hoy en día, nueve de cada diez calabazas que la gente compra, se usan como lámparas de Halloween.

Las calabazas son 90 porciento agua. Como las malas hierbas le roban el agua a la planta, los granjeros arrancan todas las que ven. A veces, se extiende un hule negro sobre el suelo, bajo las plantas jóvenes, para evitar las malas hierbas y también para mantener el suelo húmedo.

Aunque la mayoría de las calabazas crecen en granjas, algunos jardineros las cultivan en su propio jardín. A mucha gente le gusta plantar las nuevas variedades de pequeño tamaño. A otros, les gusta plantar las variedades tradicionales de calabazas, las mismas que sus abuelos cultivaban.

Pero algunos jardineros sólo quieren cultivar una calabaza GIGANTE que se pueda llevar un premio. Cuidan sus calabazas con esmero, echándoles muchísima agua y fertilizante, y dedicándoles tiempo. Incluso les ponen nombres como Goliat, King Kong o Tarzán. Otros piensan que tocarle música a las plantas, las ayuda a crecer más.

Pronto aparecen hermosas flores. Cada planta de calabaza tiene capullos hembra y macho. Las abejas llevan el polen desde la flor macho hasta la hembra. Esto se llama polinización. Después de la polinización, el bulbo en la base de la flor hembra comienza a convertirse en una calabaza. Crecerá por espacio de 80 a 120 días. A mediados de octubre, el fruto está listo para ser recogido. ¡A tiempo para Halloween!

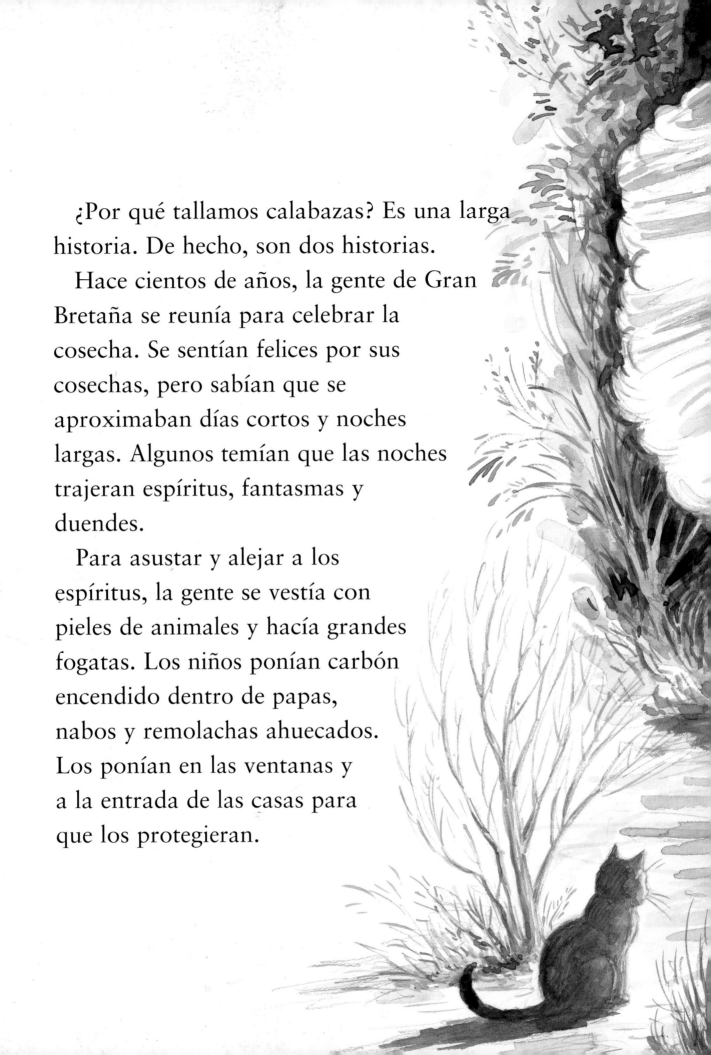

¿Por qué tallamos calabazas? Es una larga historia. De hecho, son dos historias.

Hace cientos de años, la gente de Gran Bretaña se reunía para celebrar la cosecha. Se sentían felices por sus cosechas, pero sabían que se aproximaban días cortos y noches largas. Algunos temían que las noches trajeran espíritus, fantasmas y duendes.

Para asustar y alejar a los espíritus, la gente se vestía con pieles de animales y hacía grandes fogatas. Los niños ponían carbón encendido dentro de papas, nabos y remolachas ahuecados. Los ponían en las ventanas y a la entrada de las casas para que los protegieran.

El nombre de la lámpara de Halloween en inglés, "jack-o'-lantern" proviene de una leyenda irlandesa acerca de un hombre temerario llamado Avaro Jack. Jack le hacía travesuras al diablo y éste se enojaba con él.

Cuando Jack murió, el diablo no lo quiso. Pero en el cielo tampoco lo quisieron, así que Jack se vio obligado a deambular para siempre sobre la Tierra. Para iluminarse el camino, talló un nabo en forma de lámpara y le puso dentro un carbón encendido. La gente lo llamaba "Jack of the Lantern" (Jack el del farol) o sencillamente "Jack-o'-Lantern".

Hoy en día, en Estados Unidos, la gente talla lámparas de Halloween para divertirse, pero ahora utilizan calabazas en lugar de nabos. Las calabazas son más fáciles de tallar y, al ser más grandes, dan más miedo.

Trata de tallar tu propia lámpara. Escoge una calabaza con una forma interesante y un fondo aplanado. Para hacer la tapa, dibuja un círculo alrededor del tallo. Luego, dibújale una cara con un marcador.

Con la ayuda de un adulto, haz un corte a lo largo de la línea que da la vuelta al tallo. Dirige el cuchillo hacia el centro, para que la tapa no caiga dentro de la calabaza. Recuerda que la abertura debe ser lo suficientemente grande para que puedas meter la mano.

Saca las semillas y toda la materia filamentosa, pegajosa
y asquerosa. ¡Guarda las semillas para tostarlas!

Entonces, con la ayuda de un adulto, haz cortes a lo largo de las líneas, hasta atravesar completamente la corteza. Los triángulos de los ojos y la nariz son más fáciles de cortar. ¡Ten cuidado! Si los agujeros quedan demasiado juntos, los espacios pueden hundirse. Puedes arreglar cualquier ruptura con palillos de dientes.

Pide a un adulto que te ayude a colocar la vela dentro de la calabaza para que no se caiga. Después de encender la vela, haz un agujerito en la parte de la tapa que la llama ha quemado. Esta chimenea ayudará a mantener la vela encendida. Espolvorea canela o nuez moscada por el interior de la tapa. Cuando la vela esté encendida, la lámpara olerá a pastel de calabaza.

Para conseguir que tu lámpara de Halloween se mantenga fresca, frota los bordes de los cortes con vaselina (petrolato) y guárdala en un lugar frío. El refrigerador es un buen lugar si la calabaza es pequeña.

Las calabazas no son sólo para tallar. También son un alimento saludable. Las calabazas tienen mucha vitamina A, que es muy buena para los ojos, la piel, los dientes y los huesos; y vitamina C, que ayuda a combatir las infecciones.

De las calabazas se puede hacer mantequilla, galletas, panes y pudines. Pueden asarse o preparar helado con ellas. Pero nuestro plato preferido es el pastel de calabaza.

Una antigua receta de pastel de calabaza, hubiera podido ser:

Quítele la parte de arriba a una calabaza pequeña y dulce.
Sáquele todas las semillas.
Rellene la corteza con leche y melaza.
Añada manzanas peladas y cortadas.
Eche especias.
Hornee cerca de carbones calientes hasta que se cocine bien.

Esta receta moderna de pastel de calabaza es deliciosa. Intenta hacerla con la ayuda de un adulto.

Pastel de calabaza y miel de arce

Una lata de 16 onzas de calabaza pura
1 taza de crema batida
¾ de taza de miel de arce
3 huevos grandes
1 cucharada de harina
½ cucharadita de especias para
    pastel de calabaza
Una pizca de sal
Una corteza de pastel sin hornear de 9 pulgadas

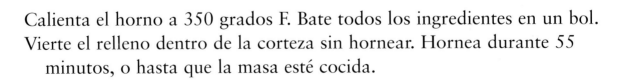

Calienta el horno a 350 grados F. Bate todos los ingredientes en un bol. Vierte el relleno dentro de la corteza sin hornear. Hornea durante 55 minutos, o hasta que la masa esté cocida.

Las semillas de calabaza tienen mucha fibra, vitamina E, vitamina B, hierro y proteína.

Las semillas tostadas con especias constituyen un manjar saludable y sabroso. Al tostarlas, la cáscara sale más fácilmente.

Semillas de calabaza tostada

Calienta el horno a 300 grados F.

Lava las semillas de calabaza y sécalas en toallas de papel.

Extiende las semillas secas en una lámina de hornear galletas.

Espolvoréalas con sal.

Espolvorea curry, ajo en polvo, chile en polvo o tu especia favorita.

Tuéstalas por 30 minutos, removiéndolas de cuando en cuando hasta que las semillas estén de un dorado marrón.

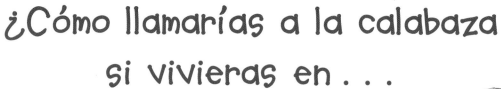

¿Cómo llamarías a la calabaza si vivieras en . . .

Italia—zucca

Japón—kabocha

Estados Unidos—pumpkin

Rusia—tykva

China—nangua

Alemania—Kürbis

Turquía—balkabaği

Francia—citrouille

Irán—kadu tanbal

Holanda—pompoen

Suecia—pumpa

Brasil—abóbora

¿Sabes cuál es . . .?

La calabaza más pesada del mundo

1.469 libras, cultivada por Larry Checkon,
Northern Cambria, Pensilvania, 2005

El pastel de calabaza más grande del mundo

1.500 libras, 12 pies 4 pulgada de diámetro,
New Bremen, Ohio, 2005

El mayor de número de calabazas
talladas e iluminadas con velas

28.952
Keene (New Hampshire)
Festival de la calabaza, 2003

Campeón mundial de talla de calabazas

En 1999, Jerry Ayers de Baltimore, Ohio,
talló una tonelada de calabazas con diseños
complicados en 7 horas y 11 minutos. ¡Vaya!

El tallador de calabazas más rápido del mundo

Steve Clarke de Havertown, Pensilvania,
talló una sola calabaza en 54,72 segundos, en 2001.

¡Para más información sobre las calabazas!

Libros

Burckhardt, Ann. *Calabazas*, Mankato, MN: Capstone, 1998

Hall, Zoe. *Tiempo de calabazas.* New York, NY: Scholastic, 2000.

Hutchings, Amy. *Vamos a recoger manzanas y calabazas.* New York, NY: Scholastic, 2001.

Lenvenson, George. *El círculo de las calabazas.* Berkeley, CA: Tricycle/Ten Speed Press, 2002.

Stevens, Jan Romero. *Carlos and the Squash Plant/Carlos y la planta de calabaza.* Flagstaff, AZ: Northland/Rising Moon, 1995.

Websites = Sitios en la internet

Recuerda que estos sitios pueden cambiar. Puedes hacer una búsqueda con la palabra "calabaza" o "pumpkin" con tu herramienta de búsqueda favorita.

Pumpkin Nook
http://www.pumpkinnook.com/kidstuff.htm
Chistes, canciones y juegos sobre las calabazas y enlaces a otros sitios

The Pumpkin Patch
http://www.pumpkin-patch.com
Montones de enlaces a páginas sobre calabazas

Virtual Jack-O'-Lantern
http://www.thepumpkinfarm.com/jack/jackboard.html
Escoge los rasgos que te gusten y haz una lámpara de Halloween

Pumpkins for Kids
http://home.inreach.com/kfarrell/pumpkin.html
Todo sobre las calabazas: datos, canciones, artesanías y cómo cultivarias

World Class Giant Pumpkin Home Page
http://www.backyardgardener.com/wcgp/index.html
Un sitio principalmente para adultos, pero que contiene mucha información sobre las calabazas gigantes